151
3799

DE LA
POLITIQUE NOUVELLE

CONVENANT

AUX INTÉRÊTS ACTUELS DE LA SOCIÉTÉ;

ET

DE SES CONDITIONS DE DÉVELOPPEMENT PAR LA PUBLICITÉ.

———————•◆•———————

I.

ÉTUDE DES PRINCIPES ET DES FAITS DE PUBLICITÉ.

La pratique et l'étude de la publicité révèlent sur ce sujet, comme dans toutes les autres questions, des principes très simples que le bon sens accepte immédiatement, et des lois qui demandent à être suivies et étudiées dans leurs applications diverses.

Principe général.

Le journal qui aura le plus grand succès, qui fera le mieux ses affaires et acquerra la plus puissante influence, sera généralement celui qui, toutes choses égales d'ailleurs, servira le mieux le plus grand nombre des besoins les plus répandus. Ce principe, simple et évident par lui-même, peut être regardé comme un axiome fondamental en matière de publicité.

Examinons les applications diverses que ce principe a reçues dans les trente dernières années; nous déduirons ensuite les lois qui en découlent.

Faits.

Au commencement de la Restauration, la bourgeoisie française tout entière, ainsi qu'une certaine fraction de l'ancienne noblesse, étaient imbues de l'esprit politique qui s'est formulé sous le nom de libéralisme. Le *Constitutionnel*, journal correspondant à la disposition générale de la bourgeoisie, s'est fondé et a obtenu un immense succès d'influence et d'argent. Cette influence, on la connaît assez : ce journal a été le drapeau de l'armée libérale pendant les quinze années de guerre qui ont abouti à la victoire de Juillet. Quant à la question financière, les actions de ce journal ont monté du chiffre de 3,000 à la valeur énorme de 140,000 fr.

1843

Cette prospérité financière est encore restée inférieure à celle de la *Gazette des tribunaux* qui a exploité seule pendant long-temps les pasquinades burlesques dont le prétoire de la police correctionnelle est le théâtre, et ces fortes émotions de la Cour d'assises, si avidement recherchées dans une société dont rien de grand et de puissant n'alimente plus l'activité.

Enfin le *Journal des Débats* qui a toujours su parler un lan-gage convenant à l'esprit et aux préjugés des couches les plus élevées de la classe moyenne, à ce que l'on peut appeler l'aristo-cratie de la bourgeoisie ; le *Journal des Débats*, bien qu'il ait maintenu son prix de 80 francs, a toujours joui d'une grande influence et de beaux revenus. S'il est en baisse maintenant, c'est qu'il se fait, dans le parti conservateur ou la h... e bour-geoisie, une séparation de plus en plus tranchée chaque jour, entre les *Conservateurs progressifs* et les *Conservateurs-bornes*, et que cet organe ne répond plus à la masse de ce parti naguère compact, aujourd'hui divisé.

Ces succès, et ceux qui, à de moindres degrés, se sont fait remarquer dans le domaine de la publicité depuis la chute de l'Empire jusqu'à la Révolution de Juillet, confirment ce pre-mier principe, évident d'ailleurs par lui-même, que, pour qu'un journal exerce une grande influence et se fasse une très nom-breuse clientèle, il faut qu'il corresponde à des besoins très gé-néraux ou à une des grandes catégories de l'opinion. Mais il ne suffit pas d'en rester à ce fait élémentaire, il faut examiner de plus près les choses : c'est ce que nous allons faire.

Lorsque le *Constitutionnel* se fonda, l'opinion libérale n'était pas encore à l'état de grande opinion de parti. Le *Constitu-tionnel* correspondait plutôt à une *disposition* générale de l'es-prit des classes moyennes qu'à une opinion *toute formée et disciplinée*. Et c'est précisément parce que le *Constitution-nel* a formé, organisé, discipliné lui-même cette opinion, que la masse libérale lui est restée fidèle pendant toute la durée du règne du libéralisme, c'est-à-dire jusqu'à la chute de la Restau-ration, qui amena la division du libéralisme et son anéantisse-ment comme parti politique *déterminé.*

Examinons maintenant deux autres succès considérables, ceux du *Siècle* et de la *Presse.*

Ici la cause du succès est toute nouvelle. Les opinions aux-quelles correspondent le *Siècle* et la *Presse* existaient avant la fondation de ces feuilles et avaient des organes établis et en cré-dit. Mais ces feuilles s'étant données à un prix *de moitié* plus faible que celui des journaux antérieurs, elles ont à l'instant déter-miné un désabonnement assez considérable chez les autres feuilles, et surtout elles ont créé par leur bas prix un très grand nombre de nouveaux abonnés dont elles ont recueilli la clientèle.

Depuis que ces journaux existent, ils ont subi des variations qui ont spécialement dépendu du mouvement de leurs feuilletons. La *Presse* s'est mal trouvée d'avoir négligé pendant un temps le *feuilleton-roman*, et instruite par l'expérience, elle y est revenue, sans doute pour ne le plus quitter, — du moins jusqu'à ce que le goût du public ait changé à cet égard.

Les faits de publicité, dont nous venons de rappeler les principaux, montrent donc (en supposant même que l'on n'étudie ces faits qu'à un point de vue de pure spéculation) que les conditions du succès sont de deux ordres généraux : Deux ordres de conditions de succès.

Le premier ordre consiste *à saisir une opinion en voie de formation, à la développer, à la représenter.*

Le second consiste *à faire, par une grande baisse de prix, concurrence aux organes qui desservent déjà une opinion toute formée.*

Quelques remarques importantes se présentent ici :

On observera d'abord que cette redoutable concurrence de la *Presse* et du *Siècle*, qui ont servi à *moitié prix* deux ordres d'opinions opposées, a été sans nul doute, lorsqu'elle s'est établie, nuisible aux journaux antérieurement existants — *Constitutionnel*, — *Courrier*, — *Commerce*, — *National*, — *Débats*, etc.; mais elle n'a pas empêché pourtant que ces journaux survécussent assez longtemps, et que plusieurs continuassent même à faire, comme les *Débats*, de brillantes affaires, bien que ce dernier, en particulier, n'ait pas baissé d'un centime son ancien prix de 80 fr.

Ces faits prouvent que l'influence de l'habitude, de l'antériorité, de la tradition, a une valeur considérable en matière de publicité périodique, et que, lorsque l'on sait, comme le *Journal des Débats* l'a fait longtemps pour son public spécial, gouverner avec habileté, on tient facilement en main sa clientèle en conservant ses bénéfices et son influence.

Cette première observation est corroborée par une seconde qui n'est pas moins importante en elle-même, c'est que les fluctuations opérées dans les abonnements par les influences purement littéraires des feuilletons, indiquent qu'aujourd'hui les anciennes passions de la *Vieille Politique* ont infiniment diminué dans le sein des classes qui s'abonnent aux journaux. Est-ce sous la Restauration, par exemple, que l'on aurait vu une quantité d'abonnés flotter du *Constitutionnel* à quelque journal royaliste, ou réciproquement, au gré des feuilletons, comme on les voit aujour-

d'hui aller et venir de la *Presse* au *Siècle* ou à d'autres journaux ?
Nous examinerons tout-à-l'heure en lui-même ce grave phéno-
mène des désillusionnements politiques qui caractérise le temps
actuel ; mais avant d'en tirer les conséquences lumineuses qu'il
comporte, nous devons remarquer combien il faut que soit puissante cette influence traditionnelle de *l'antériorité*, en fait de
presse périodique, pour que, malgré l'abaissement considérable
du thermomètre de la passion politique, des masses d'abonnés
résistent encore à la séduction du bon marché, et restent fidèles
au *Journal des Débats*, quand ils pourraient prendre à moitié
prix la *Presse* ; ou au *Constitutionnel*, au *Courrier*, quand ils
pourraient s'abonner au *Siècle* qui leur offrirait une pâture absolument identique. — (Absolument identique, disons-nous, car
nous maintenons qu'il n'est pas cinq cents abonnés dans la clientèle de ces journaux, qui, s'il y avait échange réciproque de
rédaction entre les feuilles de même couleur, en seraient affectés
sensiblement, ou, peut-être même, sauraient s'en apercevoir, pour
peu que les transitions fussent ménagées.) — Nous ne parlons
pas du *National*, que la différence tranchée de ses doctrines ga-
rantissait mieux qu'aucun de ces derniers, mais que l'affaiblis-
sement général de la fièvre politique a néanmoins considérablement affecté.

En résumé, nous voyons que l'influence de *l'antériorité*, de la
durée traditionnelle d'un organe périodique est un élément
puissant qui doit entrer dans le calcul, dans l'étude bien faite de
la publicité périodique.

II.

APPLICATION DES PRINCIPES PRÉCÉDENTS AU TEMPS ACTUEL.

**Transformation
de l'opinion**

Si l'on observe l'état de l'opinion, la disposition des esprits, on
reconnaîtra que depuis la Révolution de Juillet il se fait un mouvement qui, chaque année, prend de la force. L'opinion déserte
visiblement l'ancien champ de bataille politique. Le culte pour
lequel se dépensait tant de zèle encore sous la Restauration, s'é-
teint et meurt de nos jours. Après quelques années d'émotions,
qui devaient suivre la Révolution de Juillet, le vide de cette
Vieille Politique s'est fait sentir, et chacun a maintenant la conscience qu'il n'y a plus sur ce terrain que de misérables intrigues, des intérêts de personnes, ou tout au plus de coteries. Ce
ne sont plus des intérêts ou au moins des illusions nationales qui
sont en jeu ; ce sont les intérêts de quelques personnages et des
groupes de figurants parlementaires qui parient pour eux. On

exécute des manœuvres plus ou moins habiles, plus ou moins immorales pour conquérir le Pouvoir ou pour en précipiter ses adversaires. Tout le mouvement politique actuel se réduit à cela, chacun commence à le comprendre. La nation voit bien que ses représentants, ses orateurs, ses journalistes ne sont plus des soldats au service d'un grand parti, des apôtres dévoués à une idée commune, à une foi, à une Cause ; elle sent qu'il n'y a plus de parti, plus d'idée, plus de foi commune, plus de Cause. Les anciens corps d'opinion politique sont tombés en dissolution ; les coteries elles-mêmes se disloquent, se mélangent chaque jour, et les hommes ont perdu toute autorité et toute dignité dans les promiscuités et les hontes de cette grande décomposition.

Or il faudrait n'avoir aucune notion historique, ni aucune notion des lois qui président au cours des idées et des choses, pour ne pas voir clairement que ces phénomènes — que nous annonçons journellement à l'avance depuis plus de dix années, comme nos écrits en font foi, — sont les signes de la chute d'une idée, de la fin d'un mouvement, et de la naissance d'un mouvement nouveau.

L'évolution dite *libérale* s'éteint parce qu'elle a conquis tout ce qu'elle pouvait conquérir, réalisé tout ce qu'elle contenait : *le principe et le régime représentatifs ;* elle laisse dorénavant le champ libre à une nouvelle idée, à une nouvelle manifestation de l'esprit humain, dont, au reste, les éléments sont en pleine voie de développement aujourd'hui, et dont nous annonçons jour par jour aussi depuis dix années les phénomènes d'éclosion.

Entre temps, la vieille Presse, la Presse établie pour exploiter l'idée politique ancienne, et qui en a fait sa vie, entretient avec acharnement le vieux culte des divisions politiques ; elle fait tous ses efforts pour ranimer le zèle qui s'éteint et rappeler les fidèles aux sanctuaires qu'ils désertent. Mais elle a beau fulminer ou se lamenter sur l'indifférence politique qu'elle reproche au pays ; l'indifférence *pour sa Politique* coule à pleins bords ; ce n'est même plus que par les questions *extérieures et de nationalité* qu'elle peut encore agir sur les esprits. La vie n'est plus en elle. Cette malheureuse Presse ne comprend plus la réalité. Comme les prêtres d'un culte vieilli qui finissent par se trouver seuls dans les temples que le peuple abandonne, nos journalistes continueront encore à faire leur politique vide et creuse et leur stratégie parlementaire dans les *premiers-Paris* de leurs feuilles, où personne ne cherchera plus que des nouvelles et des feuilletons.

Ce n'est pas que, dans la Presse, certains hommes, plus clairvoyants, ne sentent que le vieux journalisme est à la veille de pé-

Déconvenue de la vieille Presse.

Symptômes d'un mouvement nouveau.

rir (1), et qu'il suffît pour cela qu'une nouvelle Presse, correspondant à la disposition actuelle des esprits et capable de diriger l'é-
volution d'idées qui se prépare, se fonde et organise le mouvement
nouveau. Ces hommes sentent et reconnaissent qu'il y a aujourd'hui
un héritage magnifique à recueillir par le Journal qui compren-
drait les choses et saurait se faire le *drapeau de l'avenir;* mais
ils n'ont pas le secret de l'avenir, ils n'ont pas la science qui peut
les guider et soutenir ce drapeau glorieux. Ils voient naître les
faits nouveaux, ils en reconnaissent le mouvement et y cèdent.
Ce qu'il faut pour le diriger leur manque.

Aussi que voyons-nous dans le domaine de la publicité? Nous
voyons des journaux se fonder, qui s'efforcent de se donner
comme rompant avec les traditions de la vieille Presse, comme
entendant représenter l'esprit nouveau, en être les organes,
mais qui, en réalité, dépourvus de la science des phénomènes
sociaux et du mouvement des idées et des choses, retombent dès
les premiers efforts dans les errements de la vieille Presse.

C'est ainsi que nous venons de voir, entre autres, se produire
deux feuilles nouvelles, le *Dix-neuvième siècle* et la *Patrie,*
dont l'une est déjà tombée et dont l'autre tombera un peu plus
tard, on peut l'affirmer sans crainte (2). Comment de pareils
journaux vivraient-ils en effet? Ce sont de pures et simples
doublures des journaux existants, et ils n'opèrent d'ailleurs aucune modification favorable aux abonnés dans le prix de la matière.

Quoi qu'il en soit du peu de viabilité de journaux ainsi faits,
les tentatives de ce genre, qui se renouvellent coup sur coup dans
le domaine de la publicité, prouvent incontestablement qu'il y a
dans les choses, dans la situation, une forte tendance à la pro-
duction d'une PRESSE NOUVELLE (3), correspondant à une nouvelle
disposition des esprits et susceptible de rallier les masses intel-
ligentes à la POLITIQUE NOUVELLE qui convient à l'époque, et
dont les germes sont en éclosion.

Il est donc évident qu'il y a aujourd'hui place et circonstances

---

(1) Depuis que ce Mémoire est composé (mars 1842) le *Temps* est mort,
le *Courrier* et la *Patrie* ont été forcés de se vendre et ont ainsi vérifié la
justesse de nos prévisions. Le *Constitutionnel* rend l'âme.

(2) Cette prévision s'est justifiée, la *Patrie* a été obligée de se vendre,
comme nous l'avons dit à la note précédente. Beaucoup d'autres faits ont
confirmé les principes et les prévisions de ce *Mémoire* depuis qu'il est écrit.

(3) Le journal la *Nation* est une tentative toute récente qui rend plus
manifeste encore la tendance que nous signalons.

favorables pour fonder un organe destiné à une influence et à un succès aussi grands que l'ont été le succès et l'influence du *Constitutionnel* (nous dirions plus grands et beaucoup plus durables si nous développions ici notre pensée tout entière).

Position spéciale de l'organe des idées nouvelles.

Il y a toutefois cette différence notable entre les deux situations, c'est que l'opinion nouvelle n'étant pas encore aussi avancée, aussi faite que l'était celle à laquelle correspondait le *Constitutionnel* lorsque celui-ci s'est fondé, le succès ne saurait être aussi prompt ; mais cela, précisément, rendra beaucoup plus profonde et plus durable l'autorité de l'organe qui, répondant à une disposition déjà très générale aujourd'hui, formera et disciplinera lui-même l'*opinion* qui en doit sortir, et déterminera, en la guidant de plus loin, la marche de l'Évolution qui va s'accomplir. Il est, en effet, facile de comprendre que l'influence et l'autorité du Journal qui auront présidé à l'Évolution nouvelle, qui l'auront en quelque sorte créée, ne sauraient manquer d'être et de rester prépondérantes, et qu'un tel journal, parmi toutes les publications que cette Évolution fera éclore, conservera nécessairement sa place en tête de colonne.

Envisageant une semblable position du côté financier, on trouve que le Journal en question n'aurait pas de concurrence à redouter ; que, du moins, les effets de la concurrence ne sauraient beaucoup l'affecter, si même la création d'organes défendant à divers degrés ses principes n'augmentait pas plutôt considérablement sa puissance. Une fois sa position faite et son autorité justement et légitimement assise, ce Journal pourra toujours élever son prix à un taux raisonnable et le maintenir plus haut que tout autre qui voudrait entrer avec lui en ligne de concurrence. C'est ainsi que l'on a vu le *Journal des Débats*, grâce à la haute influence et à la sorte de royauté qu'il exerçait dans la vieille Presse libérale, maintenir à-la-fois et son gros prix et sa clientèle.

Il résulte des faits précédemment indiqués :

Résumé et conséquences générales des principes et des faits établis.

1° Que les circonstances actuelles et la décomposition de la vieille Presse offrent une place magnifique et une position très puissante à prendre dans le domaine de la grande publicité ;

2° Que les germes non viables qui éclosent chaque jour prouvent à-la-fois l'existence des besoins nouveaux de la Société et de l'esprit public, et l'impuissance des hommes de l'ancienne Presse à comprendre nettement ces besoins, à développer et à diriger l'esprit nouveau ;

3° Que cette place ne saurait être prise et conservée que par des écrivains qui aient eux-mêmes présidé à la création de l'esprit nouveau, qui en possèdent le sens, en connaissent les causes, sachent où il va, et qui, imbus des idées qui caractériseront le mouvement qui commence, sachent et puissent leur donner créance et autorité dans les esprits; — cette place, en un mot, ne saurait être prise et conservée que par les vrais représentants de ces idées.

III.

DÉTERMINATION DE LA POLITIQUE NOUVELLE, CONVENANT AU TEMPS PRÉSENT.

Caractère de l'Évolution intellectuelle antérieure à la révolution de 1830. Si l'on examine comment s'est produite l'Évolution qui s'éteint aujourd'hui pour produire un développement plus avancé de la pensée et de l'activité humaine, on reconnaît de prime abord que cette Évolution a eu deux phases distinctes: la première est la phase *philosophique ou théorique*, la seconde la phase *pratique ou d'application*, qui a revêtu un caractère exclusivement *politique*.

Pendant longtemps la pensée qui devait modifier si fortement l'ancienne Société s'était tenue renfermée dans le domaine de la Théorie pure, dans les écrits des philosophes, sans que l'on songeât seulement à en faire application dans le domaine des faits politiques ou sociaux. L'esprit public, pendant le dix-huitième siècle, n'avait pas même conscience encore de la génération des faits par les idées, de la puissance d'incarnation de celles-ci. Mais l'impérieuse logique des choses amena bientôt l'époque où les idées devaient tendre invinciblement à se réaliser; et comme ces idées n'étaient qu'une *vague aspiration* vers un état meilleur et une *réaction violente* contre le passé; comme elles n'avaient point de bases scientifiques, et ne renfermaient pas de moyens organiques nouveaux (sauf l'organisme représentatif), elles devaient, en entrant dans les faits, détruire, il est vrai, tous les abus dont il suffisait de proclamer législativement l'anéantissement pour qu'ils cessassent d'exister; mais tous les vices sociaux de nature à n'être déracinés que par des moyens organiques, ne pouvaient être atteints par elles. En outre, ces idées devaient susciter des résistances et des réactions terribles, comme c'est le propre de tout mouvement qui procède *par négation.* L'histoire de la révolution française est tout entière dans cette remarque, qui donne également la raison du scepticisme politique et social et de l'instabilité qui devaient suivre la victoire; car la victoire devait dissiper les illusions dont les esprits étaient si fortement imbus sur la fin du siècle dernier et même encore pendant le premier tiers de celui-ci.

Quoi qu'il en soit, la Société se guérit aujourd'hui de ces illusions ; elle reconnaît qu'elle avait beaucoup trop compté sur l'efficacité des réformes purement politiques, c'est-à-dire bornées à la forme gouvernementale seule ; elle comprend d'ailleurs l'empire des idées nouvelles, — le gouvernement représentatif qu'elle s'est donné n'étant qu'un moyen d'introduire les idées dans la pratique, au fur et à mesure qu'elles se font accepter de la masse des esprits.

Il résulte de ce fait que l'Evolution qui se produit aujourd'hui doit nécessairement se distinguer par une forte tendance immédiate vers la pratique, vers la réalisation. Aussi, toutes les œuvres théoriques qui ont préparé l'Evolution nouvelle et toutes celles qui leur succèdent ne sont-elles plus les productions d'une vague philosophie, mais des théories *organiques, réalisatrices,* visant tout droit, vraies ou fausses, complètes ou incomplètes, à l'application sociale. Il résulte de ce caractère essentiellement *réalisateur* que ces idées doivent, après une phase théorique relativement très courte, pénétrer bientôt, par toutes les voies de transition, dans le mouvement des faits contemporains.

Conséquences relatives à la nature de l'Evolution qui naît.

Aussi le mouvement d'idées dont nous parlons, renfermé jusqu'à la Révolution de Juillet dans le cercle de la pure théorie, mais d'une théorie tout imbue du sentiment de la réalisation, s'est-il, depuis cette époque, introduit dans le champ de l'opinion par des transitions successives ; et les écrivains promoteurs du nouveau mouvement, partis d'une position primitivement toute systématique et théorique, ont progressivement fait entrer leurs principes dans le domaine de la publicité générale en s'y portant eux-mêmes et y intervenant de jour en jour avec plus d'autorité et d'influence.

La preuve *à posteriori* que ces vues sur le mouvement qui s'accomplit sont justes, c'est que, depuis dix années, ceux qui les émettent ont prévu et annoncé pas à pas, long-temps avant qu'ils se manifestassent visiblement, les phénomènes de la transformation de l'Opinion, et que chaque jour le public accepte d'eux, souvent sans s'en apercevoir, de nouvelles idées, de nouvelles vues, de nouveaux principes.

Ceux-là donc comprennent le mouvement contemporain dans sa nature, dans ses conditions et dans ses causes ; ils le comprennent à fond ; tandis que, en dehors d'eux, on le suit sans le comprendre encore. Et puisque c'est sous le pavillon des idées avancées qu'ils émettent que le mouvement se fait, ils sont en position de tenir et de maintenir le drapeau autour duquel se ralliera la masse des bons esprits, et qui guidera l'opinion nouvelle, cette opinion qui, depuis douze ans, a déjà tourné ou enlevé presque toutes les positions de la Vieille Politique, et qui s'élève sur les ruines des opinions usées et désormais impuissantes.

Nous pouvons actuellement, et ceci complètera la reconnaissance des bases sur lesquelles nous fondons nos jugements et nos prévisions, nous pouvons établir les caractères fondamentaux de l'opinion qui est en cours de formation, et déterminer ainsi les principes généraux au service desquels devra être consacré l'organe qui voudra puiser en eux sa force et sa puissance.

Filiation de l'opinion nouvelle.

L'opinion nouvelle (on se tromperait gravement si l'on croyait que le contraire résulte de ce que nous avons dit précédemment), l'opinion nouvelle se lie au passé et y tient par ses racines. Le dix-neuvième siècle continue le dix-huitième. La pensée, la passion du dix-huitième siècle, a été la réalisation des idées de Vérité, de Justice et de Liberté dans les institutions humaines, et l'introduction de la Liberté, de la Tolérance et de la Raison dans le domaine des croyances. Malheureusement le dix-huitième siècle s'est mis à la tâche sans en avoir calculé les conditions? Arrivé à la pratique, il s'est jeté dans la voie des négations, et il a cru qu'il suffirait, pour atteindre son but, de renverser l'ancien régime et de faire subir purement et simplement aux institutions politiques une transformation libérale.

Ainsi, le dix-huitième siècle a voulu ce que veut le dix-neuvième. Seulement celui-ci commence à reconnaître que les négations pures et simples de l'autre, et que les modifications simplement politiques, poursuivies et obtenues par l'École libérale, sont fort loin de réaliser ce que voulait le dix-huitième siècle avec une ardeur si jeune et une passion si belle, et ce que veut aujourd'hui le dix-neuvième avec une foi moins vive en ce moment, sans doute, mais avec plus de maturité et de raison.

Le dix-huitième siècle a trop fait de ruines et trop peu d'organisation; il a renouvelé, il est vrai, l'ordre politique, et en a mis le principe et la forme en harmonie avec l'esprit moderne. Le principe représentatif n'est plus attaqué sérieusement aujourd'hui en France. Les partisans de l'ancienne monarchie eux-mêmes y sont de fait ralliés, et Henri V monterait sur le trône qu'il ne pourrait porter aucune atteinte au système électif, dont sans doute il élargirait même la sphère plutôt qu'il ne la saurait restreindre. Ce principe est une conquête définitive. Or, le principe représentatif et électif étant conquis, ainsi que le principe de l'égalité devant la loi, il n'y a plus de réforme sérieuse à tenter dans l'ordre spécialement dit constitutionnel ou politique, car il ne peut plus être question, dans cet ordre, que d'applications plus ou moins larges et plus ou moins sérieuses du principe électif, ce qui n'est dès-lors qu'une affaire de modifications secondaires.

La question de fond, la question de principe et de système étant vidée sur le terrain politique de la constitution gouvernementale, l'activité intellectuelle devait nécessairement se transporter sur le terrain économique et social. Il y a plus de trente années qu'un grand génie a établi les raisons de ce fait qu'il prédisait alors à haute voix; et la transformation qui s'accomplit aujourd'hui démontre avec éclat la valeur de cette prédiction et des vues scientifiques sur lesquelles elle reposait.

Le caractère principal de l'Evolution nouvelle est donc exprimé par ceci : que la conquête du principe de *l'égalité devant la loi*, l'organisation de *l'unité administrative* et du *système représentatif* (expression du *principe électif*) étant des faits accomplis, rien de CAPITAL ne restant par conséquent à faire sur le terrain *politique ou constitutionnel* proprement dit, l'activité intellectuelle va se diriger, à l'intérieur, sur les questions sociales, et spécialement sur les questions économiques.

Or, on verra se produire sur ce terrain les trois tendances qui ont caractérisé plus ou moins nettement l'Evolution politique :

1. — Les uns porteront sur ce terrain nouveau l'esprit révolutionnaire, et voudront procéder par des négations, des renversements beaucoup plus graves, beaucoup plus périlleux dans cet ordre que dans l'ordre purement politique.

2. — Les autres, par ignorance, par frayeur, par esprit de réaction, se mettront aveuglément et obstinément en travers de la route du progrès. Ces immobilistes sociaux ne feront qu'accroître l'énergie et les haines révolutionnaires des premiers, et fournir à la violence de ceux-ci des justifications ou des prétextes.

3. — Enfin, l'opinion vraiment libérale à laquelle la victoire est assurée, et qui ne saurait tarder à rallier tous les bons esprits, est celle qui recherchera sagement, mais ardemment, les conditions d'un progrès pacifique, régulier, *favorable* A-LA-FOIS *aux intérêts de toutes les classes*.

Cette opinion aura donc pour caractère d'être essentiellement *organisatrice*, de procéder par les voies de la *Science* et de l'*Expérience*, et enfin de demander au principe de l'*Association* la solution de toutes les difficultés qui seront pour les deux autres opinions des prétextes et des occasions de guerre. L'organisation sociétaire des intérêts divergents est, en effet, le seul moyen d'amener à l'union les éléments qui se combattent sur le terrain social.

Pour mieux dessiner ces trois opinions, il suffit de les mettre

Marginal notes:

Transition des préoccupations politiques aux préoccupations industrielles et sociales.

Division des partis sur le terrain social.

Application.

en jeu sur l'objet capital de l'Evolution nouvelle, la *Propriété* et le *Travail*.

La première opinion agira révolutionnairement contre la Propriété et prétendra l'anéantir au nom des droits du Travail.

La seconde non-seulement réagira violemment contre la première, mais elle refusera encore de reconnaître en principe la nécessité de donner des garanties au Travail et d'améliorer la position des travailleurs en régularisant et organisant l'Industrie.

La troisième reconnaîtra et défendra les droits de la Propriété et ceux du Travail ; elle démontrera que ces droits, loin d'être hostiles en principe, sont positivement conciliables ; que l'incohérence industrielle et la concurrence anarchique sont aussi défavorables aux intérêts des maîtres qu'à ceux des ouvriers ; que les uns et les autres ont besoin de mesures sagement régulatrices du mouvement industriel, et que l'Association de la Propriété et du Travail consolide le premier intérêt en garantissant les droit du second.

On peut donc résumer comme il suit la tâche du journal qui voudra représenter et développer l'Opinion nouvelle.

Programme de l'organe de la Politique nouvelle.

= Achever de discréditer les stériles querelles de la Vieilles Politique, les intrigues de tous les partis, les mensonges et les erreurs des vieux journaux de toutes les couleurs.

= Favoriser l'avènement des questions économiques et sociales.

= Combattre l'*esprit d'immobilisme* et la politique des *conservateurs-bornés*.

= Combattre l'*esprit révolutionnaire* ou de renversement, sur le terrain politique et sur le terrain social.

= Produire, sur le terrain social, une politique pacifique et scientifique d'Organisation, qui respecte et consacre les droits acquis, les intérêts développés, en même temps qu'elle développe progressivement les droits encore méconnus, les intérêts encore en souffrance ; et convier à cette politique les *conservateurs-progressistes* et les *progressistes-pacifiques*.

Cette Politique Nouvelle et vraiment sociale, à laquelle seule il est donné d'organiser pacifiquement la liberté et la démocratie, peut seule aussi calmer les haines des partis, prévenir ou apaiser l'hostilité des classes et établir l'ordre matériel et l'ordre moral au sein d'une société profondément ébranlée par cinquante années de révolutions, et tourmentée par des besoins impérieux en présence desquels les hommes de la Vieille Politique restent sans idées et sans intelligence, les uns ne sachant qu'*irriter* et *agiter*, les autres que *résister* et *comprimer*, aucuns *développer, harmoniser, associer* et *satisfaire*. C'est cette Politique à-la-fois PROGRESSIVE et CONSERVATRICE, qui maintiendra, qui consolidera en améliorant, en transformant, en réformant, en organisant; c'est cette Politique qui est destinée à gouverner la Société et qui enterrera la Politique des *résistances aveugles* et la Politique *révolutionnaire*, sur quelque terrain que l'une ou l'autre de celles-ci veuille se porter.

Evidemment notre époque ne peut pas être une époque illibérale et rétrograde; elle aime fondamentalement le progrès. Ses tendances progressives ne sauraient être douteuses. D'un autre côté les leçons que nos Révolutions nous ont données ont été assez dures pour que notre siècle ne se jette plus à l'étourdie dans la voie des renversements. Le principe de la Propriété est d'ailleurs un principe trop humain, d'un intérêt trop général et dont la sphère pratique est aujourd'hui trop étendue pour qu'il puisse être jeté à bas comme l'a été en 89 le principe féodal, affaibli et ruiné par l'œuvre des siècles antérieurs. L'opinion révolutionnaire ne saurait donc prévaloir. Une résistance aveugle aux progrès légitimes, une imprudente méconnaissance des besoins, des intérêts et des droits du Travail, pourraient seules irriter les classes ouvrières et provoquer les guerres sociales contenues dans la formule générale de l'Evolution nouvelle, mais que le développement de la Politique dont nous exposons les principes conjurera facilement.

Ainsi les intérêts, les principes, les besoins de la Stabilité et ceux du Progrès, les expériences cruelles du passé et le mouvement de l'opinion déjà ébranlée: tout se réunit pour assurer le triomphe prochain de la Politique Nouvelle dont nous nous contentons ici de résumer les données générales, mais dont toutes les bases scientifiques et positives ont déjà reçu de nombreux développements dans d'autres écrits.

Cette Politique compte déjà sur toute la surface du pays et à l'étranger un nombre considérable de partisans dévoués, ardents, de véritables prosélytes. Aussitôt qu'elle aura un organe quotidien que ses partisans pourront, dans leurs localités, offrir en remplacement des autres journaux, cet organe se répandra rapidement et poussera fortement les idées par le mouvement desquelles il sera puissamment poussé lui-même.

Le principe de la Politique Nouvelle étant le principe de l'Association, c'est-à-dire de la Paix, de la Liberté, de la Justice, du Travail et de l'Organisation, cette Politique est essentiellement bienveillante pour toutes les Nationalités. Elle considère les Etats et les Peuples comme des individualités vivantes, ayant chacune sa place au soleil, et son droit de Cité dans la Société des Nations. La guerre n'est à ses yeux qu'un reste des temps de barbarie, un déplorable héritage que la multiplication et la régularisation des rapports scientifiques, industriels, commerciaux, des peuples, la rapidité et l'extension des communications et les progrès du droit commun ne sauraient laisser longtemps subsister au sein de l'Europe policée, savante, industrielle et chrétienne.

Cette Politique qui proscrit les envahissements et les conquêtes appartient évidemment à l'esprit moderne. Les peuples commencent à fort bien comprendre qu'ils ne gagnent rien aux guerres qui ensanglantent le monde, leur PATRIE COMMUNE. L'élément représentatif est pacifique de sa nature ; ceux qui paient les frais de la guerre y regardent à deux fois avant de la décider. Les développements de l'industrie et des relations commerciales ne peuvent pas enchevêtrer les intérêts des peuples, les uns dans les autres, sans paralyser de plus en plus énergiquement la guerre. Les Cabinets se montrent d'ailleurs, de notre temps, très préoccupés de l'amour de la paix, et depuis vingt-cinq ans nous les avons vus cent fois résoudre par des Conférences générales, par des Congrès et des Conventions diplomatiques, des difficultés qui, aux siècles derniers, eussent provoqué des conflagrations.

La guerre ne sera définitivement anéantie que le jour où les Puissances, développant le procédé diplomatique actuel des grandes Conférences et des Congrès, auront régularisé le système du concert européen, en faisant, du Congrès des Puissances, une institution permanente, chargée de déterminer le droit commun, de régler toutes les relations générales, d'opérer l'association des grands intérêts, ou de déterminer entre ceux-ci des transactions dans tous les cas qui, aux époques antérieures, eussent été de nature à provoquer des guerres. Cette institution souveraine sera la création du XIXe siècle. Elle existe déjà en fait, il ne s'agit plus que de la régulariser, et elle a pour elle le courant des intérêts et le courant des idées. Il est du plus haut intérêt pour la France de se mettre elle-même en tête de ce grand mouvement, de prendre l'initiative dans l'œuvre de l'organisation de la paix du monde. Tel est le but qui détermine la véritable tâche Européenne de la France, c'est-à-dire sa Politique extérieure. Le journal qui représentera cette forte et glorieuse Politique de paix, de justice et d'humanité sera bien accueilli en France et chez toutes les nations où se développe l'esprit nouveau ; c'est-à-dire qu'il remplacera bientôt à l'étranger ces feuilles inintelligentes et brouillonnes dont le *Chauvinisme* est aussi nuisible aux intérêts extérieurs de notre Pays que la politique *passive et honteuse* qui abaisse et humilie aujourd'hui la France, et qui ne sont propres qu'à créer ou à entretenir chez nos voisins, contre nous, des sentiments d'hostilité et de haine qui ne sont plus de notre siècle.

15

S'il est une chose évidente, c'est que le journal qui adopterait la marche sommairement indiquée dans ce Mémoire ne peut prendre une grande autorité qu'à la condition de conserver une indépendance parfaite, et de n'être jamais arrêté par les intérêts, soit des personnes politiques que ce journal doit enseigner, soit des partis divers qu'il doit toujours dominer.

Condition intérieure : indépendance absolue.

Or, il n'y a qu'un journal écrit par des hommes dévoués à une idée supérieure et possédant une doctrine, qui puisse rester en dehors des Partis et conserver dans toute son intégrité cette noble et sincère indépendance qui est ici la première condition d'autorité et de succès.

Les écrivains qui se sont consacrés au développement de la Politique rénovatrice et sage dont les principes et les vues générales sont exposés dans cet écrit, ont, *seuls dans la Presse*, donné, depuis douze ans, l'exemple d'une impartialité absolue, d'une indépendance parfaite, *critiquant partout* ce qu'ils ont trouvé faux et funeste, *approuvant partout* ce qu'ils ont trouvé heureux, juste, vrai. Cette réputation de haute impartialité est acquise à ces écrivains, et s'ils l'ont méritée entre tous dans la Presse, c'est que, seuls dans la Presse, ils appuient leurs convictions sur des principes fixes, sur des doctrines.

———

Indépendamment des conditions relatives aux doctrines et à la direction politique, on peut dire qu'il n'existe pas encore de Journal bien fait en tant que *Journal*. Démontrons-le en quelques mots par un exemple capital :

Ce que doit être un journal considéré comme organe des faits du mouvement social.

Nous avons atteint une époque où la vie collective de l'humanité est déjà tellement prononcée, que chaque individu d'une condition un peu aisée veut, en lisant son journal, savoir chaque matin ce qui se passe dans les cinq parties du monde. On veut participer à la vie de tous les peuples, connaître et comprendre leurs manifestations, leurs passions, leurs actes.

C'est à ce besoin que correspond, avant tout, le *Journal quotidien.*

Or, il est un fait certain, c'est que les lecteurs de nos Journaux quotidiens ne sont nullement initiés à la vie réelle des autres peuples. Ils lisent bien une infinité de petites nouvelles détachées, de faits coupés dans les gazettes et dans les correspondances lithographiées ; mais ils ne trouvent point dans leurs Journaux la connaissance des pays étrangers, ils ne participent point à la vie politique, sociale, philosophique et littéraire de ces pays. Il n'y a qu'un seul cas, celui où le territoire d'une nation devient le théâtre d'une grande guerre, il n'y a que ce cas où les rapports peuvent être considérés généralement et sous ce point de vue, comme suffisants ; et encore, que d'altérations venant de l'esprit de parti!

Le premier Journal qui saura donner à ses lecteurs la connaissance générale et véridique du mouvement politique, littéraire, philosophique, religieux, enfin du mouvement social des principaux pays du globe, et qui mettra de la régularité et de l'ordre dans les nouvelles qui se rattachent à ce mouvement, aura réalisé une condition *capitale* de succès. — Ceci est la révélation d'un secret de publicité très important; mais on peut révéler ce secret sans crainte, parce que la réalisation n'en est possible qu'à une Rédaction en possession d'un principe d'Unité et ayant, à l'étranger, de nombreuses relations avec des hommes imbus de son propre principe et de la haute impartialité qu'il communique.

Que si nous voulions examiner, en outre, d'autres conditions spéciales auxquelles doit satisfaire un Journal quotidien pour répondre à toutes les exigences que son objet réclame, nous verrons qu'il devrait présenter *régulièrement* un *Bulletin agricole*, une *Revue industrielle*, une *Revue scientifique* et une *Revue bibliographique* qui missent les grandes catégories de ses lecteurs au courant de toutes les découvertes importantes, de toutes les œuvres de valeur qui enrichissent chaque jour le trésor des connaissances et des conquêtes de l'humanité : cela n'est bien et régulièrement fait dans aucun des journaux existants. — Mais nous n'entrerons pas dans le détail de toutes les lacunes que présente l'état actuel de la Presse: l'esprit de ce Mémoire n'en comporte que le signalement général.

Conclusion.

En résumé, on voit que le Journalisme est encore dans l'enfance, tant sous le rapport de la constatation régulière et véridique des faits du mouvement social, que sous le rapport des doctrines, et que ceux qui croient que le système *du bon marché* a été la dernière des conditions de grand succès en matière de publicité, se trompent étrangement.

Il y a donc lieu de fonder dans ce temps-ci un Journal qui soit un bon Journal pour les choses et qui obtienne succès indépendamment de ses doctrines. — Il y a place encore pour le succès d'un bon journal de doctrines, qui ne ferait pas mieux que les autres sur la question des choses. — Il est donc évident qu'en cumulant les deux supériorités, on réunirait les éléments d'une grande prospérité et d'une immense influence.

VICTOR CONSIDÉRANT

IMPRIMÉ CHEZ PAUL RENOUARD, RUE GARANCIÈRE, 5.

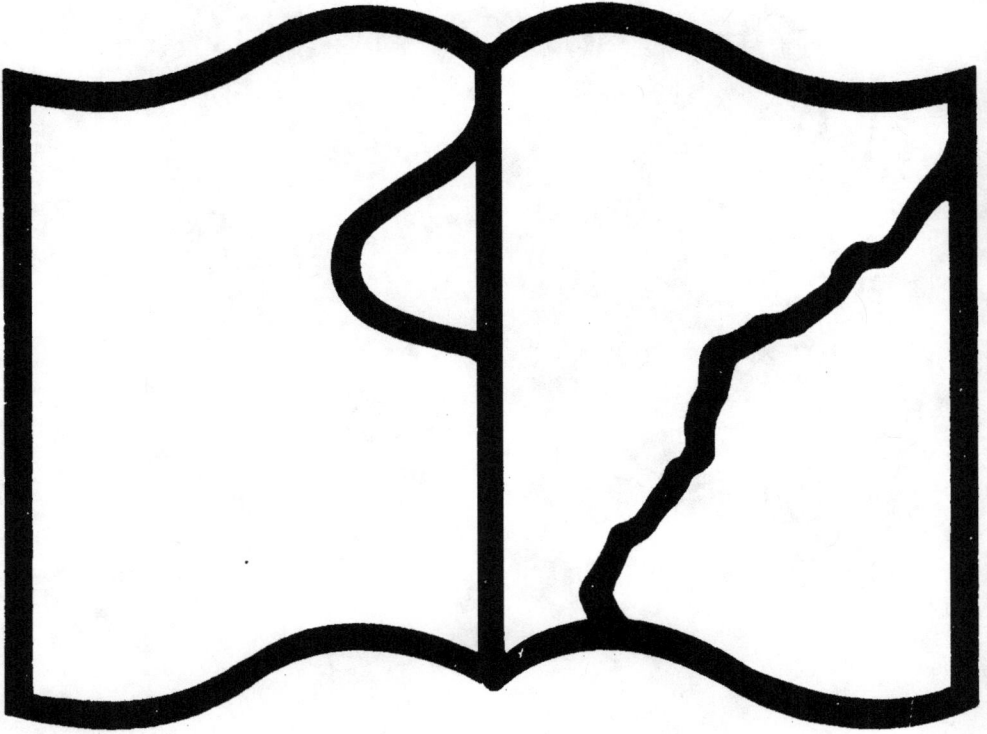

Texte détérioré — reliure défectueuse

NF Z 43-120-11

www.ingramcontent.com/pod-product-compliance
Lightning Source LLC
Chambersburg PA
CBHW060714280326
41933CB00012B/2439